BEI GRIN MACHT SICH IHR WISSEN BEZAHLT

- Wir veröffentlichen Ihre Hausarbeit, Bachelor- und Masterarbeit

- Ihr eigenes eBook und Buch - weltweit in allen wichtigen Shops

- Verdienen Sie an jedem Verkauf

Jetzt bei www.GRIN.com hochladen und kostenlos publizieren

Bibliografische Information der Deutschen Nationalbibliothek:

Die Deutsche Bibliothek verzeichnet diese Publikation in der Deutschen National-
bibliografie; detaillierte bibliografische Daten sind im Internet über http://dnb.d-
nb.de/ abrufbar.

Impressum:

Copyright © 2017 GRIN Verlag
Druck und Bindung: Books on Demand GmbH, Norderstedt Germany
ISBN: 9783668944367

Dieses Buch bei GRIN:

https://www.grin.com/document/465772

Marc Dyck

Gestaltung des Sportunterrichts in der zehnten Klasse

Training zur Förderung der Kraftausdauer unter Berücksichtigung der Differenzierung

GRIN Verlag

GRIN - Your knowledge has value

Der GRIN Verlag publiziert seit 1998 wissenschaftliche Arbeiten von Studenten, Hochschullehrern und anderen Akademikern als eBook und gedrucktes Buch. Die Verlagswebsite www.grin.com ist die ideale Plattform zur Veröffentlichung von Hausarbeiten, Abschlussarbeiten, wissenschaftlichen Aufsätzen, Dissertationen und Fachbüchern.

Besuchen Sie uns im Internet:

http://www.grin.com/

http://www.facebook.com/grincom

http://www.twitter.com/grin_com

Universität Bielefeld

Fakultät für Psychologie und Sportwissenschaft

Abteilung Sportwissenschaft

Sommersemester 2017

Grundkurs: Grundlagen der Verbesserung motorischer Fähigkeiten und Fertigkeiten /
Training im Schulsport, donnerstags 14-16 Uhr

Lehrpraktische Prüfung

**Training zur Förderung der Kraftausdauer
unter besonderer Berücksichtigung der Differenzierung
In einer 10. Klasse**

Vorgelegt von:

Marc Oliver Dyck

Inhalt

1. Einbettung in die Unterrichtsreihe

Datum und zeit	Thema	Inhalt
05.06.2017 45 Minuten	Fit for fun-Wir lernen unseren Körper kennen	Die Belastungsgrößen Kraft und Ausdauer anhand eines vorgegebenen Zirkels kennenlernen und Kriterien für einen sinnvollen Kraftausdauerzirkel erschließen
08.06.2017 90 Minuten	Trainer werden- wir entwickeln eigene Übungen	Entwicklung und Ausführung von Übungen für einen Kraftausdauerzirkel in Kleingruppen, anhand der zuvor erarbeiteten Kriterien und Thematisierung der wahrgenommenen Belastung
12.06.2017 45 Min.	Du bist der Experte- wir stellen unsere Übungen vor	Zusammenfügung und Erläuterung der entwickelten Übungen
15.06.2017 90 Min.	**Reflexive Beurteilung des entwickelten Zirkels anhand der Beobachtungen und Kriterien der letzten Stunden**	**Verbesserung bzw. Variation der entwickelten Übungen vor dem Hintergrund der Körperwahrnehmung und in Bezug auf die Kraftausdauer, sowie ein letztes Durchlaufen des Zirkels**

3

2. Beschreibung der Lerngruppe

Die Unterrichtsstunde dieser 10. Klasse einer Realschule aus Nordrheinwestfalen, wird an einem Donnerstag in der 3. Und 4. Stunde durchgeführt. Der Sportunterricht findet immer montags in der 6. Stunde und donnerstags in der 3. und 4. Stunde statt. Die Klasse besteht aus 10 Jungs und 7 Mädchen, welche sich zum größten Teil bereits seit der 5. Klasse kennen. Die Verhaltensregeln im Sportunterricht sind allen bekannt und werden weitestgehend eingehalten. Es herrscht ein sehr gutes Lernklima, obwohl sich die Schülerinnen und Schüler (werden im weiteren Verlauf mit SuS abgekürzt) bereits mitten in der Pubertät befinden. Durch die körperlichen Unterschiede zwischen Jungen und Mädchen, die sich im Laufe der Pubertät entwickeln, ist die Gruppe sehr heterogen. Darüber hinaus ist knapp die Hälfte der SuS in einem Sportverein aktiv, während die andere Hälfte in der Freizeit weniger mit Sport beschäftigt ist. Aufgrund der vielen körperlichen Veränderungen in der Pubertät sowie teilweise mangelndes Bewusstsein für die Gesundheit, ist es sinnvoll ein Fitnesstraining in den Sportunterricht zu integrieren. Die SuS sollen lernen den eigenen Körper wahrzunehmen und ein Bewusstsein für ein gesundes Leben zu entwickeln.

3. Thema und Lernziele

Das Thema der Unterrichtsstunde lautet „Reflexive Beurteilung des entwickelten Zirkels anhand der Beobachtungen und Kriterien der letzten Stunden".

3.1 Stundenlernziel

Die SuS sollen erfahren, wie der Körper auf verschiedene Arten von Belastung reagiert, sich selber wahrnehmen und die Übungen in der Reflexion aufgrund der zuvor erarbeiteten Kriterien bewerten und modifizieren.

3.2 Teillernziele
3.2.1 im motorischen Bereich

Die SuS können die Kontraktion eines Muskels wahrnehmen

Die SuS können eine Belastung über einen längeren Zeitraum ausführen

3.2.2 im kognitiven Bereich

Die SuS können Kraftübungen im Hinblick auf den Schwierigkeitsgrad anpassen

Die SuS können die entwickelten Übungen im Hinblick auf die erarbeiteten Kriterien überprüfen

Die SuS können ihre Fähigkeiten und Kenntnisse der Trainingsgestaltung verbessern

Die SuS können sich untereinander Hilfestellungen geben und gegenseitig motivieren

4 Didaktisch-methodische Begründung

Zu Beginn der didaktisch-methodischen Begründung soll zunächst eine Sachanalyse durchgeführt werden, bevor die Unterrichtsinhalte spezifischer dargestellt werden.

4.1 Sachanalyse

Die Sachanalyse wird gegliedert in die Vorstellung der Kraftausdauer und wie sich diese in den schulischen Kontext einordnen lässt.

4.1.1 Kraftausdauer

Um den Begriff der Kraftausdauer definieren zu können, gilt es die Begriffe Kraft und Ausdauer zu bestimmen. Unter Kraft versteht man in der Sportwissenschaft nach Nicolaus Anstrengungen, die deutlich über dem durchschnittlichen Beanspruchungsbereich liegen. Eine durchschnittliche Belastung liegt nach Hettinger bei ca. 30 % des Maximalkraftwertes eines Sportlers. Die Kraft bildet auf der Grundlage dieser Erkenntnis die Basis für Muskelleistungen mit Krafteinsätzen, die über 30% der maximalen Kraft des Sportlers liegt (Nicolaus 1995, S.15).

Der Begriff der Ausdauer beschreibt die Ermüdungswiderstandsfähigkeit des Muskels bei langandauernden Belastungen (Nicolaus 1995, S.20).

Die Kraftausdauer ist demnach als komplexe Kombination der beiden zuvor genannten Komponenten zu definieren. Die Abhängigkeit des Maximalkraftniveaus mit der Stoffwechselleistung bzw. Ermüdungswiderstandsfähigkeit, bestimmt die Fähigkeit der Kraftausdauer. Die Kraftausdauer kann ebenfalls als die Fähigkeit Muskelanstrengungen, die über 30% der Maximalkraft liegen, über einen längeren Zeitraum auszuführen, definiert werden (Nicolaus 1995, S. 21). In diesem Fall hätte man eine Operationalisierung der Kraftausdauer erreicht, indem man eine Zeit/Dauer und eine Belastungsgröße bestimmen konnte. Eine bei ca. 30% der Maximalkraftliegende Belastung sollte demnach über ca. 2 Minuten ausgeführt werden können. Dieser Prozess ist auf das Phänomen der anaeroben Muskelstoffwechselleistungsfähigkeit zurückzuführen. Es gilt dabei die Wiederholungszahl der Kraftstöße über einen Zeitraum möglichst gleich zu halten. Eine Verringerung der Kraftstöße repräsentiert die zuvor erwähnte Komponente der Ermüdungswiderstandsfähigkeit, welche den Aspekt der Ausdauer widerspiegelt. Es gilt demnach Bewegungen auszuführen die im submaximalen Bereich liegen, um eine möglichst langandauernde Belastung zu erzielen. Diese Bewegungen dürfen jedoch nicht unter 30% der Maximalkraft liegen, da sie sonst dem Bereich der reinen Ausdauer angehören würden. Wichtig ist demnach das Zusammenspiel zwischen Kraft und Ausdauer optimal aufeinander abzustimmen. „Kraftausdauerleistungen setzen sich aus einer Serie gleicher, zyklischer bzw. ähnlicher, azyklischer Bewegungen in dichter Folge zusammen" (Nicolaus 1995, S.23).

4.1.2 Krafttraining in der Schule

Durch die zurückgehende Straßenspielkultur und der Technisierung des Alltags, kommt es immer häufiger zu muskulären Dysbalancen im Kindesalter. Dadurch, dass Kinder bereits sehr früh im Verein tätig sind und sich somit spezialisieren, kommt es zu einseitigen Belastungen und dementsprechend zu Muskelverkürzungen (Weineck 2007, S.535). Durch Krafttraining bzw. Muskeltraining ist diesen Verkürzungen und Dysbalancen entgegen zu wirken. Krafttraining im Kindes- und Jugendalter sollte immer mit leichten Gewichten und am besten mit dem eigenen Körpergewicht erfolgen. Dabei ist es wichtig eine ganzkörperliche Schulung durchzuführen, um muskulären Dysbalancen vorzubeugen. Darüber hinaus können Dysbalancen auch durch Dehnung kompensiert werden. Diese ist allerdings schonend und nur durch Kontraktion des Antagonisten durchzuführen um die Gelenke bestmöglich zu schonen (Weineck 2007, S.538). Allerdings stellen nicht nur die muskulären Dysbalancen der Kinder und Jugendlichen ein gesundheitliches Risiko dar, sondern auch Bluthochdruck, Adipositas und andere aus Bewegungsmangel resultierende Erkrankungen, kommen häufiger bei Kindern und Jugendlichen vor. Neben einer gesunden Ernährung, worauf der Sportunterricht als solcher keinen Einfluss nehmen kann, ist eine Schulung vor allen Dingen im Kraft- und Ausdauerbereich notwendig.

Diesen Dysbalancen und Erkrankungen mit dem Sportunterricht entgegenzuwirken gilt in der Wissenschaft als nicht tragbar, da viele Gesetzmäßigkeiten des Trainings verletzt würden (König 2014, S.2-3). Durch eine unangemessene Trainingshäufigkeit würde z.b. das Prinzip der Superkompensation umgangen, bei dem es auf die optimale Relation von Belastung und Erholung ankommt, um den größten Trainingseffekt zu erreichen. Durch die Ferien würden darüber hinaus auch noch die wenigen Trainingsreize unterbrochen, die durch den Sportunterricht gesetzt werden. Auf der anderen Seite kann Krafttraining im Schulsport den Auftrag der sportlichen Qualifizierung, der Prävention und der Gesundheitsförderung leisten (König 2014, S.3). Der Auftrag der Didaktik ist es die Fragwürdigkeit, welche durch das Verletzen von Trainingsprinzipien entsteht, zu entkräften. Dabei gilt es, dass Didaktik und Trainingswissenschaft gemeinsam nach Lösungen suchen. Dabei gibt es verschiedene Lösungsansätze, die einen Trainingsprozess im Sportunterricht ermöglichen.

In einem intentionalen Krafttraining werden Effekte durch Trainingsinhalte wie z.B. Zirkeltraining, direkt angesteuert (König 2014, S.3). Das Zirkeltraining eignet sich im besonderen Maße für den Sportunterricht, da es auch in Form eines Kurzprogramms durchgeführt werden kann. Die Wirksamkeit solcher Trainingsprogramme wurde bereits empirisch nachgewiesen, sodass das Krafttraining im Sportunterricht auch wissenschaftlich, seine Berechtigung findet.

Effekte eines lerngebundenen Krafttrainings laufen, anders als bei dem intentionalen Krafttraining, nebenbei ab. Beim Ausüben des Aufschwungs am Reck entstehen überschwellige Reize, die letztendlich den Trainingseffekt ausmachen.

Es gilt den SuS in der Schule ein Gesundheitsbewusstsein zu vermitteln. Das Krafttraining kann dabei eine große Rolle spielen. Wichtig ist darüber hinaus, dass die Kinder Freude daran finden sich selber zu erproben und ihren Körper wahrzunehmen

4.1.3 Legitimation des Unterrichtsinhalts
Die geplante Unterrichtsstunde mit dem Thema „Reflexive Beurteilung des entwickelten Zirkels anhand der Beobachtungen und Kriterien der letzten Stunden" bezieht sich, in Bezug auf den Kernlehrplan NRW, auf die Pädagogische Perspektiven (A) Wahrnehmungsfähigkeit verbessern, Bewegungserfahrung erweitern und (D) Das Leisten erfahren, verstehen und einschätzen. Die Unterrichtsstunde ist darüber hinaus dem Bewegungsfeld 1"Den Körper wahrnehmen und Bewegungsfähigkeiten ausprägen" zuzuordnen. In der 10. Klasse sollten die SuS unter anderem die Kompetenzerwartungen „ausgewählte Faktoren der Leistungsfähigkeit weiterentwickeln und in komplexeren, sportbezogenen Anforderungssituationen zeigen". Das Stundenlernziel „Die SuS sollen erfahren, wie der Körper auf verschiedene Arten von Belastung reagiert, sich selber wahrnehmen und die Übungen in der Reflexion aufgrund der zuvor erarbeiteten Kriterien bewerten", erfüllt die zuvor erwähnten Kompetenzerwartungen des Kernlehrplans NRW. Das Ziel der Stunde ist es, dass die SuS Kraft- und Ausdauerbelastungen beschreiben und diese in Bezug zueinander setzen können. Vor allen Dingen ist es wichtig zu

verbalisieren, was genau im Muskel vorgeht, wie man sich bei einer bestimmten Übung gefühlt hat und kritisch Übungen zu hinterfragen. Da man innerhalb einer Reihe keine wissenschaftlichen Antworten der SuS erwarten kann, ist es wichtig auf das Empfinden der SuS einzugehen. Das Empfinden ist zudem eine individuelle Größe anhand der man die Übungen variieren kann, um sie für jeden ausführbar zu machen. Das Stundenlernziel wird durch einen ergebnisoffenen Unterricht angestrebt. Die SuS konnten frei wählen, welche Übungen sie für den Kraftausdauerzirkel entwickeln. Die SuS müssen sich lediglich an den, in der ersten Stunde erarbeiteten Kriterien orientieren. Die Erprobung der von den SuS entwickelten Varianten ist ebenfalls ergebnisoffen.

Der Einstieg

Zu Beginn der Unterrichtsstunde treffen sich die SuS in einem Halbkreis. Die Lehrkraft befindet sich gut sichtbar für alle vor der Klasse. Zunächst werden die wichtigen Aspekte eines funktionalen Krafttrainings, die bereits in der ersten Stunde der Unterrichtsreihe herausgestellt wurden, noch einmal von der Klasse wiederholt. Daraufhin gibt die Lehrkraft einen Ausblick auf die Stunde, in der die von den SuS entwickelten Übungen in Form eines Kraftausdauerzirkels durchgeführt werden sollen. Die Übungsbeschreibungen werden kurz gezeigt und es wird erläutert, wo diese nach dem Aufwärmspiel zu finden sind. Der Beobachtungsbogen, der nach dem Aufwärmspiel ausgeteilt wird, wird erläutert und als Forschungsauftrag für den Trainingszirkel dargestellt. Die Lehrkraft betont, dass der Bogen später entscheidend für die Reflexion der Stunde sein wird. Der Bogen beinhaltet die 8 Übungen sowie 3 Fragen des Empfindens:

1. Brennt dein Muskel?
2. Bist du außer Atem?
3. Hattest du Schmerzen bei der Ausführung?

Training der Kraftausdauer

Das Schattenlaufen dient der allgemeinen, motorischen Erwärmung. Die SuS sollen sich kurz erwärmen, um Verletzungsrisiken vorzubeugen. Das Spiel „Zombieball" ist den SuS bekannt und sehr beliebt. Durch das Aufwärmspiel soll generell die Motivation für die Sportstunde hochgehalten werden und der ganze Körper erwärmt werden. Durch das Laufen und die Wurfbewegung werden sowohl die Kraft als auch die Ausdauer der SuS beansprucht. Der ganze Körper wird bewegt, sodass der Kraftzirkel sofort nach dem Spiel beginnen kann, ohne vorher gezielte Aufwärmübungen durchzuführen. Die SuS werden nach der kognitiven Aktivierung bei der Begrüßung, nun auch motorisch aktiv. Das Spiel wird mit 3 Softbällen durchgeführt. Nach der Erwärmung kommen die Partner, welche in der vorherigen Stunde eine Kraft- oder eine Ausdauerübung entwickelt haben zusammen und bauen ihre Stationen auf. Die Lehrkraft nummeriert die insgesamt 8 verschiedenen Übungen von 1 bis 8 und legt jeweils eine Erklärungskarte neben jede Station. Nachdem der Zirkel aufgebaut wurde, finden sich die SuS noch einmal an der Mittellinie zusammen. Die Lehrkraft verteilt nun die zuvor eingeführten Bewertungsbögen und verdeutlicht den Auftrag, sowie die Zeit, die für jede Übung vorgesehen ist. Für jede Übung sind 60 Sekunden vorgesehen und nach jeder Übung 30 Sekunden Pause. In der Pause sollen die SuS ihren Bewertungsbogen ankreuzen und sich mögliche Variationen überlegen.

Reflexion

Nach dem jeder den Zirkel einmal komplett durchlaufen hat, kommen die SuS zusammen und reflektieren die zu Beginn eingeführten Fragen bzw. ihren Bewertungsbogen. Dabei sollen die SuS anhand der Fragen bist du außer Atem? Brennt der Muskel? Und hattest du Schmerzen bei der Ausführung? Reflektieren welche Auswirkungen die verschiedenen Übungen auf ihr Körpergefühl haben und möglichst die verschiedenen Übungen verorten können. Die SuS sollen darüber hinaus überlegen, welche Übung wie vereinfacht oder erschwert werden kann, um allen SuS gerecht zu werden bzw. alle Leistungsniveaus abzudecken. Die Verbesserungsmöglichkeiten werden von den SuS vorgemacht bzw. erläutert.

2. Durchlauf des Zirkels

Die SuS durchlaufen den modifizierten Zirkel erneut und passen die Übungen ihrem Leistungsniveaus an bzw. verbessern die Ausführung im Hinblick auf Gelenkschmerzen, wenn dies notwendig erscheint. Die SuS sollen erneut nach jeder Übung den Bewertungsbogen zur Hand nehmen und diesen bearbeiten.

2.Reflexion

Nach dem die SuS den modifizierten Zirkel durchgelaufen sind, treffen sich alle erneut an der Tafel. Die SuS sollen herausstellen, welche Übungen besser auszuführen waren und ob es bei einigen Übungen immer noch Probleme in Bezug auf die Leitfragen des Bewertungsbogens gab.

Bemerkung:

Da die lehrpraktische Prüfung nur auf 25 Minuten ausgelegt ist, entfällt der Aufbau des Kraftausdauerzirkels. Die Studentinnen finden den Zirkel bereits fertig aufgebaut in der Halle vor. Darüber hinaus ist das Aufwärmspiel Zombieball kein Teil der Lehrprobe, da die Studentinnen bereits von einem Kommilitonen warm gemacht worden sind. Aus zeitlichen Gründen wird der Zirkel nur einmal durchlaufen.

5 Verlaufsplan

Unterrichtsphase/ Dauer	Geplanter Handlungsverlauf	Organisations- und Sozialformen/ Medien	Didaktisch- methodischer Kommentar
Einstieg und Begrüßung (5 Min.)	-Ausblick auf die Stunde -Stundenlernziel formulieren -Eingehen auf das bisher Erarbeitete in der Unterrichtsreihe -Reflexionsfragen vorstellen	- Unterrichtsgespräch im Sitzkreis -Tafel	-Ritualisierung - Motivation -Klarheit über Inhalt und Methoden schaffen - Kognitive Aktivierung der SuS
Erwärmung (20 Min.)	-Schattenlauf mit Partner -Einführung durch Zombieball -Erläuterung der Regeln	Materialien: -3 Softbälle	-Hohe Motivation -bekanntes Spiel - Verbinden von Kraft (Wurf) und Ausdauer(laufen) -motorische Aktivierung
Zirkelaufbau(10Min)	-Selbsterarbeiteten Zirkel aufbauen lassen -Erklärung des Ablaufs(60 Sek. Belastung/30 Sek. Pause) - Schüler finden sich mit dem Partner der letzten Stunde zusammen (wurden durch Abzählen, der Schuhgröße nach, in 2er bzw. 3er Gruppen eingeteilt)	Materialien: -Gruppenarbeit -Bewertungsbogen - Sportgeräte für den Zirkel - Stationskarten	- Vermeidung von Ausgrenzung und heterogenen Gruppen -SuS erkennen die Heterogenität der Mitschülerinnen an -SuS passen die Übungen den verschiedenen Niveaus an

9

		Materialien	Lernziele
	-Jede Gruppe baut ihre Station auf -Lehrkraft verteilt Bewertungsbögen		
Zirkeldurchführung 12Min	-Schüler durchlaufen den Zirkel und bewerten die jeweiligen Übungen nach Erschöpfung - Formulieren möglicherweise Verbesserungsmöglichkeiten	Materialien: -Musik -Stoppuhr -Sportgeräte -Bewertungsbogen - Kraftausdauerzirkel	-SuS erkennen, dass es verschiedene Formen von Belastung gibt -SuS hinterfragen Übungen und überprüfen inwiefern das Hauptthema damit bearbeitet wird
Reflexion(8Min)	-SuS beurteilen den Zirkel aufgrund der zuvor erarbeiteten Kriterien von Kraft und Ausdauer -SuS machen Veränderungsvorschläge	- Unterrichtsgespräch - Ergebnisse der Beobachtungsbögen	-SuS erkennen, die Kriterien von Kraft und Ausdauer -SuS erkennen eine saubere Bewegungsausführung
2. Zirkeldurchführung (12 Min.)	- SuS durchlaufen den modifizierten Zirkel erneut - SuS bewerten die Übungen nach den Kriterien des Bewertungsbogens - SuS formulieren, wenn nötig, erneut Verbesserungsvorschläge	Materialien: -Musik -Stoppuhr -Sportgeräte -Bewertungsbogen - Kraftausdauerzirkel	-SuS hinterfragen Übungen in Bezug auf die auftretenden Probleme aus der 1. Reflexion
2. Reflexion (8 Min.)	-SuS beurteilen den Zirkel aufgrund der zuvor herausgestellten Probleme	- Unterrichtsgespräch -Ergebnisse der Beobachtungsbögen	-SuS hinterfragen Übungen in Bezug auf die auftretenden

		Probleme aus der 1. Reflexion -Ergebnissicherung
Abbau/ Abschluss (10 Min.)	-Jede Gruppe baut ihre Station selbstständig ab -Die Lehrkraft gibt einen Ausblick auf die nächste Stunde und verabschiedet die SuS	

6 Literaturverzeichnis

Nicolaus, Jürgen (1995): Kraftausdauer als Erscheinungsform des Kraftverhaltens-Dimensionsanalytische, mechanische und trainingswissenschaftliche Untersuchung.

König, Stefan (2014): Lerngebundenes Training- eine Chance für den Schulsport?, in Sportunterricht, Schorndorf 63 (2014), Heft1, S. 3-7.

Weineck, Jürgen (2007): Krafttraining und muskuläre Dysbalancen, in optimales Training: Leistungsphysiologische Trainingslehre unter besonderer Berücksichtigung des Kindes- und Jugendtrainings,S.535-545.

https://www.schulentwicklung.nrw.de/lehrplaene/lehrplannavigator-s-i/realschule/sport/kernlehrplan-sport/index.html

http://www.fssport.de/Entwuerfe/refaus.pdf

7. Anhang
Aufbau des Zirkels

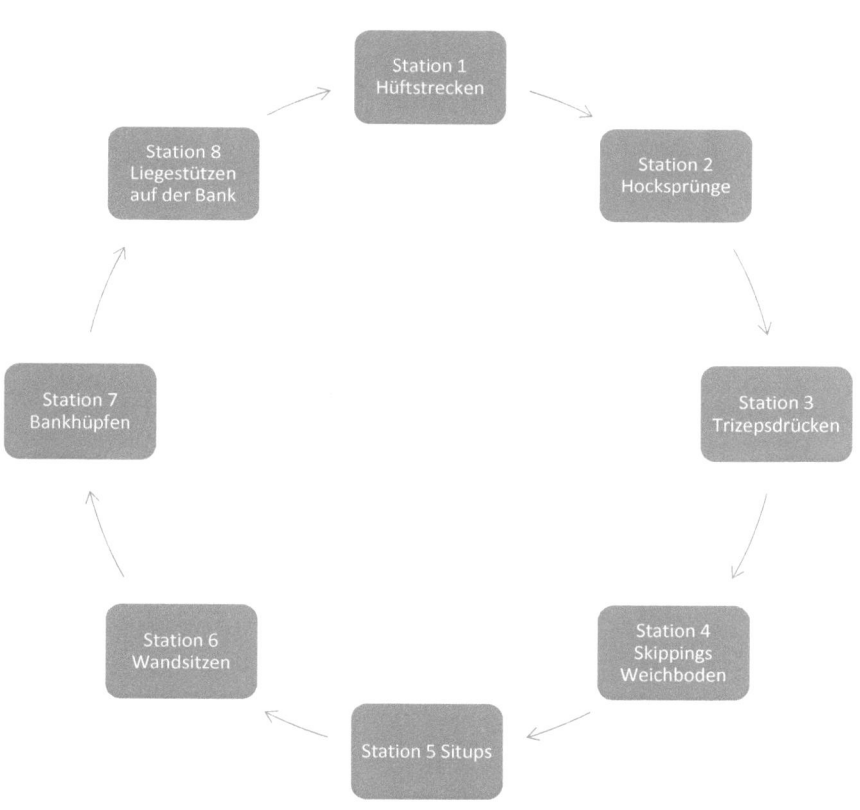

Station1

Hüftstrecken

Benötigte Geräte: Turnmatten

Bewegungsbeschreibung:

Bodenkontakt nur mit den Schulterblättern und den Fersen,

Hüfte anheben und absenken

Bewegungstempo: Langsam, kontrolliert, ohne Schwung

Station 2

Hocksprünge

Benötigte Geräte: Turnmatten

Bewegungsbeschreibung: Es wird mit geschlossenen Beinen auf dem Boden gesprungen

Bewegungsausführung: Knie gebeugt, bis zur Brust anziehen

Station 3

Trizepsdrücken

Benötigte Geräte: Bank

Bewegungsbeschreibung:

Mit den Fersen auf dem Boden und den Handflächen auf der Bank

Ausgangsposition:

Arme sind im 90° Winkel, Beine angewinkelt.

Arme drücken den Oberkörper nach oben, Beine sind gestreckt

4. Station

Skippings auf Weichboden

Benötigte Geräte:

Weichbodenmatte

Bewegungsbeschreibung:

Mit deutlichem Armeinsatz und hoher Knieführung auf der Matte sprinten

Situps

Benötigte Geräte: Turnmatte

Bewegungsbeschreibung:

Mit den Fußsohlen und dem Gesäß auf dem Boden liegend, Aufrichtung des Oberkörpers bis zu den Knien.

Hände gleiten über die Knie

Wandsitzen

Benötigte Geräte: Wand

Bewegungsbeschreibung:

Man stellt sich ca. ½ Meter von der Wand entfernt auf und lehnt sich mit dem Rücken und dem Kopf an die Wand

Die Beine sind im 90 ° Winkel aufgestellt

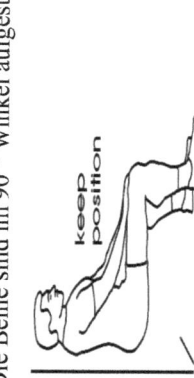

keep position

7.Station

Bankhüpfen

Benötigte Geräte:

Bank

Bewegungsbeschreibung:

Mit den Händen auf der Bank abstützen

Mit geschlossenen Füßen Wechselsprünge ausführen

8. Station

Liegestützen auf der Bank

Benötigte Geräte:

Bank

Bewegungsbeschreibung:

Hände parallel auf der Bank; Fußspitzen auf dem Boden

Liegestütze ausführen

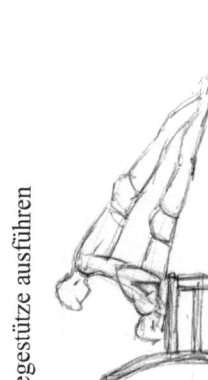

Bewertungsbogen

Station	Kraft: „Brennt der Muskel?"		Ausdauer: „Seid ihr außer Atem?"		funktionale Ausführung: „Hattet ihr KEINE Schmerzen bei der Durchführung?"	
	1. Durchgang	2. Durchgang	**1. Durchgang**	2. Durchgang	**1. Durchgang**	2. Durchgang
1	ja nein k.A	ja nein k.A	ja nein k.A	ja nein k.A	ja nein k.A	ja nein k.A
2	ja nein k.A	ja nein k.A	ja nein k.A	ja nein k.A	ja nein k.A	ja nein k.A
3	ja nein k.A	ja nein k.A	ja nein k.A	ja nein k.A	ja nein k.A	ja nein k.A
4	ja nein k.A	ja nein k.A	ja nein k.A	ja nein k.A	ja nein k.A	ja nein k.A
5	ja nein k.A	ja nein k.A	ja nein k.A	ja nein k.A	ja nein k.A	ja nein k.A
6	ja nein k.A	ja nein k.A	ja nein k.A	ja nein k.A	ja nein k.A	ja nein k.A
7	ja nein k.A	ja nein k.A	ja nein k.A	ja nein k.A	ja nein k.A	ja nein k.A
8	ja nein k.A	ja nein k.A	ja nein k.A	ja nein k.A	ja nein k.A	ja nein k.A

k.A. = keine Ahnung (ich konnte die Übung nicht durchführen, weil sie zu schwer war, … o.ä.)

Plakat aus der 1. Sitzung:
Ziele eines funktionalen und gesundheitsorientierten Fitnesstrainings
- Vorbeugung von Dysbalancen, Verletzungen, Haltungsschäden und Zivilisationskrankheiten
- Körperbewusstsein entwickeln
- Beweglichkeit verbessern
- Leistung verbessern
- Koordination und Kondition schulen
- Gesundheit
- Prävention
- Rehabilitation
- Fitness

Plakat aus der 2. Sitzung:
Kriterien für einen Kraftausdauerzirkel
- begrenzte Belastungsdauer
- sinnvolle Reihenfolge: keine zwei Übungen von einer Muskelgruppe hintereinander,

-Kraft- und Ausdauerstationen im Wechsel
- abwechslungsreich: soll möglichst viele bzw. verschiedene Muskelgruppen und unterschiedliche Teilbereiche von Fitness ansprechen

- motivierende Musik
- Übungen sollen in Bezug auf ihren Schwierigkeitsgrad variierbar sein

Kraft (Brennen die Muskeln bzw. spürst du eine bestimmte Muskelgruppe?)
- ANSTRENGEND*

Ausdauer (Bist du außer Atem?)
- FUNKTIONALE AUSFÜHRUNG* (Hast du keine Schmerzen bei der Durchführung)